典藏中国·中国古代壁画精粹

朔州崇福寺壁画

杨平　主编

浙江摄影出版社

全国百佳图书出版单位

崇福寺外景

　　崇福寺坐落于山西省朔州市老城区中心，唐麟德二年（665）始建，金熙宗年间（1135—1150）曾经大规模扩建，至今仍是一处规模宏大、殿阁林立的古寺院。主殿弥陀殿，建于金熙宗皇统三年（1143），是中国现存规模最大的三座辽金时期佛殿之一，较完整地保留了原建之物，其棂窗、壁画、塑像、背光和琉璃脊饰，均为古代艺术之瑰宝，被称为"五绝"。

　　弥陀殿四壁壁画的主体是《十方佛说法图》，原有十组"一佛二菩萨"说法图，即内容为十尊主佛，每尊主佛左、右两侧各站立一尊胁侍菩萨。十组"佛说法图"现仅存七组，其中，东、西壁五组，北壁西梢间一组，较为完整；北壁梢间东侧一组残存一尊菩萨；其余画面已被盗至日本。此外，殿内北壁东、西梢间门楣保存着与弥陀法门有关的《十六观》，南壁西梢间绘有《千手千眼十八面观音菩萨说法图》（简称《千手观音图》）。这些壁画配置于一座巨构内，神祇画像之高度也颇为可观，如说法图中的坐佛及胁侍菩萨像高均在4至5米之间，上方还绘有翱翔的飞天和小幅佛像，是实至名归的巨制大作。

　　《十方佛说法图》中，大佛均结跏趺坐，作说法印，顶结螺髻，身披袈裟，头光、身光、背光皆备，均为圆形，衣饰简单素洁，给人以慈悲庄重之感。与佛像形成鲜明对比的是两侧的胁侍菩萨，从头冠到飘带，无不缀满珠宝玉石，异常华美。尤其西壁中铺的两身六边形火焰背光的胁侍菩萨，低眉颔首，长着蝌蚪形髭须，玉手纤纤，轻持经卷，既有男身之高大健硕，又有女性造型之柔美华丽，虽为明代重绘，画法上仍颇具唐风，艺术水准不凡。

　　金代壁画存世量少，寺观壁画更是凤毛麟角。这些说法图虽然有许多的明代补绘、重绘痕迹，但大体金代神韵仍在。崇福寺弥陀殿这堂巨制大作，布局朗阔严整，技法纯熟，远观人物高大壮硕，气象庄严，近观细节，头部、五官、花冠、衣纹等，又不失精细秀丽。画面色调整体为冷色调，背景以石青、石绿为主，胁侍菩萨以接近背景色的石青为主，而佛像的袈裟则全部为朱色，冷暖对比下，突出了佛的中心地位。加上线条沥粉贴金的表现手法，画面更显得典雅深沉。

扫 一 扫
看更多

弥陀殿西壁中铺最上日光名称功德佛

弥陀殿西壁北铺《梵音佛说法图》

弥陀殿西壁北铺右侧胁侍菩萨

弥陀殿西壁北铺左侧胁侍菩萨

弥陀殿西壁南铺《广慧佛说法图》

弥陀殿西壁南铺右侧胁侍菩萨

弥陀殿西壁南铺左侧胁侍菩萨

弥陀殿西壁南铺左侧飞天

11

西壁北铺右侧飞天

弥陀殿西壁中铺《最上日光名称功德佛说法图》

弥陀殿西壁中铺右侧胁侍菩萨

弥陀殿西壁中铺左侧胁侍菩萨

弥陀殿北壁东梢间右侧胁侍菩萨

弥陀殿北壁西梢间右侧胁侍菩萨特写

弥陀殿北壁西梢间左侧胁侍菩萨特写

弥陀殿东壁北铺右侧胁侍菩萨

弥陀殿东壁北铺右侧胁侍菩萨左手特写

弥陀殿东壁北铺右侧胁侍菩萨右手特写

弥陀殿东壁中铺《最上广大云雷音王佛说法图》

弥陀殿东壁中铺右侧胁侍菩萨

弥陀殿东壁中铺左侧胁侍菩萨

弥陀殿东壁南铺《无量功德火王光明佛说法图》

弥陀殿东壁南铺右侧胁侍菩萨

弥陀殿东壁南铺左侧胁侍菩萨

弥陀殿东壁南铺右侧飞天

弥陀殿东壁南铺左侧飞天

弥陀殿南壁西梢间（千手观音图）

弥陀殿南壁西梢间千手观音面部特写

弥陀殿南壁西梢间千手观音右侧手部特写

弥陀殿南壁西梢间千手观音左侧手部特写

弥陀殿南壁西梢间千手观音左侧手部特写

弥陀殿南壁西梢间千手观音眷属婆薮仙

弥陀殿南壁西梢间千手观音眷属吉祥天

责任编辑：王嘉文　张　磊
装帧设计：杭州大视角文化传播有限公司
责任校对：朱晓波
责任印制：汪立峰
摄　　影：薛华克　欧阳君　张卫兵　张晓磊
撰　　稿：李玲玉

图书在版编目（CIP）数据

朔州崇福寺壁画 / 杨平主编. -- 杭州 ：浙江摄影
出版社，2023.1（2023.8重印）
　（典藏中国. 中国古代壁画精粹）
　ISBN 978-7-5514-4097-4

　Ⅰ．①朔… Ⅱ．①杨… Ⅲ．①寺庙壁画－朔州－金代
－图集 Ⅳ．①K879.412

　中国版本图书馆CIP数据核字（2022）第159072号

青南
畫山

典藏中国·中国古代壁画精粹
SHUOZHOU CHONGFUSI BIHUA
朔州崇福寺壁画

杨平　主编

全国百佳图书出版单位
浙江摄影出版社出版发行
　　　地址：杭州市体育场路347号
　　　邮编：310006
　　　电话：0571-85151082
　　　网址：www.photo.zjcb.com
制版：杭州大视角文化传播有限公司
印刷：杭州捷派印务有限公司
开本：787mm×1092mm　1/8
印张：5.5
2023年1月第1版　2023年8月第2次印刷
ISBN 978-7-5514-4097-4
定价：68.00元